DES PAPIERS

PHOTOGRAPHIQUES

PROCÉDÉS DE

M. BLANQUART-ÉVRARD ET AUTRES,

AVEC

NOTES DE N.-P. LEREBOURS.

Mars 1847.

PARIS.

LEREBOURS ET SECRETAN,

PLACE DU PONT-NEUF, AU COIN DU QUAI DE L'HORLOGE;

Ateliers, rue de l'Est, 23.

VICTOR MASSON,
LIBRAIRE,
Place de l'École-de-Médecine.

POUR L'ÉTRANGER :
HECTOR BOSSANGE,
21, quai Voltaire.

A LONDRES,
CLAUDET, DAGUERREOTYPE-ROOM,
Adelaide Gallery, Strand.

A NEW-YORK,
ARTAUD, 149 et 151, Broad-way,
Lafayette-Bazar.

DES PAPIERS

PHOTOGRAPHIQUES.

19805

PARIS. — TYPOGRAPHIE PLON FRÈRES, RUE DE VAUGIRARD, 36.

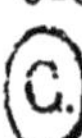

DES PAPIERS
PHOTOGRAPHIQUES

PROCÉDÉS DE

M. BLANQUART-ÉVRARD ET AUTRES,

AVEC

NOTES DE N.-P. LEREBOURS.

Mars 1847.

PARIS.

LEREBOURS ET SECRETAN,

PLACE DU PONT-NEUF, AU COIN DU QUAI DE L'HORLOGE;

Ateliers, rue de l'Est, 23.

VICTOR MASSON,	POUR L'ÉTRANGER :
LIBRAIRE,	**HECTOR BOSSANGE,**
Place de l'École-de-Médecine.	21, quai Voltaire.
A LONDRES,	**A NEW-YORK,**
CLAUDET, DAGUERREOTYPE-ROOM,	ARTAUD, 149 et 151, Broad-way,
Adelaide Gallery, Strand.	Lafayette-Bazar.

DES PAPIERS
PHOTOGRAPHIQUES.

CHAPITRE I.

Procédés de M. Blanquart-Évrard.

(EXTRAIT DES COMPTES-RENDUS DE L'INSTITUT.)

« A l'admiration que fit naître la belle découverte de M. Daguerre, se joignit bientôt un vœu : les artistes surtout firent appel à la science et lui demandèrent les moyens de fixer sur le papier les images de la chambre noire, que M. Daguerre obtenait sur plaqué d'argent. Cet appel fut entendu ; grand nombre de savants firent bientôt connaître les propriétés photogéniques de beaucoup de produits chimiques ; les recettes se multiplièrent à l'infini : d'où vient qu'elles restèrent sans résultat ?

» Certes, on ne pourrait l'attribuer à l'inaction des amateurs ; car, outre le piquant qu'offre toujours une nouveauté, cette nouvelle branche de photographie présentait trop d'intérêt sous le double rapport de l'art et de ses applications à l'industrie, pour ne pas réclamer tous leurs efforts. Si leurs travaux sont restés stériles ; c'est qu'il y avait au fond de l'opération, telle qu'elle se pratiquait, une cause permanente d'insuccès; en d'autres termes, l'absence d'un principe pour la préparation du papier.

» Dirigeant dès lors mes recherches vers ce but, j'arrivai bientôt à reconnaître que si les résultats qu'on obtenait étaient inconstants et défectueux, donnant les images sans puissance et sans finesses, sans dégradations lumineuses et sans transparence dans les clairs-obscurs, la cause était due à une préparation incomplète et trop superficielle du papier. En effet, procédant par analogie avec la préparation sur plaqué, on se contentait de déposer sur une des surfaces du papier les principes photogéniques. Cette opération chargeant inégalement la surface du papier, celle-ci était inégalement impressionnée à la lumière, lors de l'exposition à la chambre noire. Les réactions chimiques qui suivaient cette exposition accusaient toutes ces inégalités; en outre, la préparation étant trop superficielle, l'image manquait de ton dans les parties lumineuses, et de transparence dans les demi-teintes. Cette analyse me conduisit donc à reconnaître ce principe, qu'il fallait rendre la pâte du papier photogénique, en procédant à sa préparation par absorption, de manière qu'elle recélât les principes chimiques des dissolutions, et qu'elle devînt ainsi le milieu dans lequel doivent s'accomplir les réactions chimiques, qui finalement constituent l'image photographique.

» Ce principe posé, chaque praticien peut, à son

gré, choisir ses substances (1). De même que pour le plaqué d'argent, les uns préfèrent les bromures aux chlorures, de même, pour le papier, ils seront libres de leur préférence : les résultats seront relatifs, mais le principe devra être observé dans la préparation.

» Afin de faciliter les premiers travaux de ceux qui voudraient se livrer à l'étude de la photographie sur papier, je vais leur indiquer ici les moyens de préparations des épreuves que j'ai produites, et dont l'emploi leur donnera un résultat propre à les encourager à de nouvelles études.

» Pour opérer promptement, il faut employer le papier mouillé : c'est là une condition qui rend l'opération très-difficile; car, à peine le papier est-il déposé sur la planchette du châssis, qu'il se boursouffle. Pour parer à ce grave désagrément, on a conseillé l'ardoise humide ; mais cela ne retarde l'inconvénient que de quelques minutes, et, par suite, ne dispense pas de procéder à ces opérations préliminaires sur les lieux mêmes où l'on veut prendre une épreuve. A la recherche d'un moyen, je commençai à me servir d'une glace sur laquelle je déposais le papier et que je garantissais par la planchette pour former mon châssis. Un jour, par distraction, je plaçai cette glace dans mon châssis, dans le sens

____

(1) Voir les procédés ci-après. L'opérateur emploiera à son gré la méthode par absorption de M. Blanquart, ou l'application du liquide au pinceau tel qu'il est indiqué pages 23 et 26.

opposé, c'est-à-dire le papier en dedans et la glace faisant face à l'objectif dans la chambre noire. J'obtins également mon épreuve. Ce fut un trait de lumière : l'image pouvant venir derrière une glace, en pressant le papier entre deux glaces, recouvrant auparavant un des côtés du papier photogénique de deux ou trois feuilles de papier bien mouillé, je pouvais entretenir l'humidité pendant un temps considérable, et mon papier, par son adhérence à la glace, conservait toujours une surface parfaite. Je pus ainsi aller au loin prendre une épreuve et venir la terminer dans mon cabinet. Ce moyen, on le voit, lève une des plus grandes difficultés de la photographie sur papier; et rendra son exécution plus facile que celle sur plaqué (1).

» Toutes les préparations que je vais décrire se feront à froid, non parce que cela est préférable, mais parce que ce mode est moins assujettissant, et qu'il devient ainsi à la portée du plus modeste préparateur, auquel un coin d'appartement, bien *garanti* de toute lumière, pourra servir de laboratoire. Elles seront faites à la lueur d'une bougie ou d'une lampe ordinaire.

(1) Nous croyons devoir faire observer ici que l'emploi des glaces n'est indispensable que pour les grands appareils. Ainsi, nous avons parfaitement réussi avec les appareils demi-plaque, et quart de plaque, en faisant adhérer nos papiers photogéniques sur la planchette par l'humidité seulement. Par ce procédé, l'opération gagne de vitesse et permettrait en plein soleil, l'été, d'opérer en une seconde; mais, pour appareil plaque normale, nous le répétons, les glaces, comme le dit M. Blanquart, sont essentielles, indispensables.

DU PAPIER NÉGATIF.

» L'opération se divise en deux parties : la première est celle qui doit donner l'épreuve de la chambre noire ; elle est négative, les parties éclairées étant représentées par les noirs, et *visc versâ*.

» Pour cette épreuve, on fera choix d'un papier de la force des plus beaux papiers à lettres, glacé, de la plus belle pâte possible. Je me suis trouvé trèsbien de celui de M. Marion, marqué *n°* 10.

» I. (1) On versera dans une cuvette une dissolution de 1 partie de nitrate d'argent (2) et 30 parties d'eau distillée (3) (toutes les parties sont désignées au poids), sur la surface de laquelle on déposera le pa-

(1) Pour faciliter le souvenir des diverses opérations, nous les avons numérotées I, II, III, etc.

(2) «Toutes les préparations de nitrate seront conservées dans des flacons à l'abri de toute lumière. »   (*Note de l'auteur.*)

(3)   { 3 gr. de nitrate d'argent.
        { 90 gr. eau distillée.

pier, en ayant soin de ne pas enfermer de bulles d'air entre la masse du liquide et le papier (cette recommandation s'applique à toutes les préparations ultérieures). Après une minute sur ce bain, on retirera le papier en le faisant égoutter par un des anglés, puis on le déposera à plat sur une surface imperméable, telle qu'un meuble verni, une toile cirée, etc., le laissant ainsi sécher lentement, en ayant soin d'éviter tout dépôt de liquide par place, ce qui serait une cause de taches aux épreuves.

» II. Dans un autre vase où l'on aura versé une dissolution de 25 parties d'iodure de potassium, 1 partie de bromure de potassium et 560 parties d'eau distillée, on plongera entièrement ce papier pendant une minute et demie ou deux minutes, s'il fait froid, en laissant au-dessus le côté nitraté, on le retirera de ce bain en le prenant par deux coins, et on le passera, sans le lâcher, dans un vase plus grand rempli d'eau distillée, afin de le laver et d'enlever tout dépôt cristallin qui pourrait, sans cela, rester à la surface : puis, sur un fil qu'on aura tendu horizontalement à cet effet, on suspendra le papier en faisant une corne à l'un des coins, et on le laissera ainsi s'égoutter et sécher compiétement (1).

» Ce papier, ainsi préparé, sera recueilli dans une boîte de carton à l'abri de la lumière, et, sans être

---

(1) M. Martens se trouve très-bien de le laisser sécher sur un carton-pâle légèrement incliné.

tassé fortement, il pourra se conserver pendant des mois entiers. On peut donc, dans une seule journée, se préparer le papier nécessaire à une excursion de plusieurs mois. On recueillera les excédants des liquides dans des flacons recouverts de papier noir : ils pourront servir jusqu'à épuisement.

» III. Lorsqu'on voudra prendre une épreuve, on versera sur une glace bien plane et bien calée sur un support qu'elle débordera (1), quelques gouttes d'une dissolution de 6 parties de nitrate d'argent, 11 parties d'acide acétique cristallisable et 64 parties d'eau distillée (2) (on ne prendra que la moitié de la quantité d'eau pour dissoudre le nitrate, on versera ensuite l'acide acétique, et après une heure de repos on ajoutera la seconde partie d'eau) (3).

» On y déposera le papier du côté qui aura été soumis, dans la première préparation, à l'absorption du nitrate d'argent ; on étendra avec la main le papier, de manière que, bien imbibé partout de la dissolution, il adhère parfaitement à la glace, sans laisser de plis ni de bulles d'air. Ceci fait, on le couvrira de plusieurs feuilles de papier bien propres, trempées

(1) Support avec vis à caler.

(2)   6 gr. nitrate d'argent;
      32 gr. eau distillée;
      11 gr. acide acétique.

Laissez reposer une heure, et ajoutez 32 gr. eau distillée.

(3) Cette préparation sera conservée dans un flacon bouché à l'émeri. Si, après un repos de quelque temps, il se formait un dépôt à la surface, il faudrait s'en débarrasser à chaque opération, en versant le liquide à travers un linge bien fin, ou par tout autre moyen. (*Notes de l'auteur.*)

à l'avance dans l'eau distillée (une seule pourrait suffire si l'on avait un papier d'une très-grande épaisseur); sur ces feuilles de papier trempées, on déposera une seconde glace, de la même dimension que la première, et l'on pressera fortement dessus, pour ne former qu'une seule masse. On déposera le tout dans un châssis de la chambre noire, qu'on aura préalablement fait disposer à cet effet, et l'on ira ensuite procéder à l'exposition, comme si le châssis renfermait une plaque daguerrienne (1).

» Cette préparation exige une durée d'exposition qui pourra être calculée par les daguerréotypeurs, au quart de celle nécessaire pour les plaques préparées au chlorure d'iode. Ils tiendront compte, toutefois, de la température, et remarqueront qu'elle est une cause d'accélération non moins puissante que l'intensité lumineuse.

» IV. L'exposition terminée, on déposera l'épreuve sur un plateau de verre ou de porcelaine, qu'on aura légèrement mouillé; afin que le papier y adhère plus facilement. On versera dessus une *dissolution saturée d'acide gallique;* à l'instant, l'image apparaîtra. On laissera agir l'acide gallique, afin que la combinaison soit plus profonde dans le papier, et que tous les détails arrivent dans les parties des clairs-obscurs; mais on arrêtera, toutefois, l'action

(1) Le châssis qui contient le papier étant formé de deux glaces épaisses, les opérateurs comprendront facilement la nécessité d'une deuxième glace dépolie parfaitement en rapport, relativement à l'objectif, avec la feuille de papier sensible.

de l'acide gallique, avant que les blancs qui doivent former les noirs de l'épreuve positive n'éprouvent de l'altération.

» V. A cet effet, on lavera l'épreuve en versant de l'eau dessus, pour la débarrasser de l'acide gallique.

» VI. Puis, la déposant de nouveau sur le support, on y versera une couche d'une dissolution de 1 partie de bromure de potassium et de 40 parties d'eau distillée (1) qu'on laissera dessus pendant un quart d'heure, en ayant bien soin qu'elle en soit toujours couverte.

» VII. Après quoi, on lavera l'épreuve à grande eau, et on la séchera entre plusieurs feuilles de papier buvard. Elle sera alors achevée, et pourra donner un nombre considérable d'épreuves positives, après que, pour la rendre plus transparente, on l'aura imbibée de cire, en râpant une petite quantité sur le papier et la faisant fondre avec un fer à repasser, à travers plusieurs feuilles de papier à lettre, qu'on renouvellera suffisamment, afin d'enlever tout dépôt de cire à la surface de l'épreuve (2).

(1) { 6 gr. bromure potassium ;
      { 240 gr. eau distillée.

(2) Pour rendre le papier transparent, M. Martens s'y prend de la manière suivante : il fait fondre de la cire vierge sur une vieille plaque, il applique dessus l'épreuve par le côté non impressionné, puis, la retirant de suite, il la laisse égoutter devant le feu.

DU PAPIER POSITIF.

« On fera choix, pour cette épreuve, du papier de la
plus belle pâte, le plus épais possible et parfaitement
glacé.

» VIII. Dans un vase où l'on aura versé une solution de 3 parties d'eau saturée de sel marin, dans 10
parties d'eau distillée (1), on déposera la feuille de
papier sur une seule surface et on l'y laissera jusqu'à
ce qu'elle s'aplatisse parfaitement sur l'eau (2 ou 3
minutes). On la séchera sur du papier buvard, en
passant fortement et à reprises répétées, dans tous
les sens, la main sur le dos du papier, renouvelant
le papier buvard jusqu'à ce qu'il n'accuse plus aucune humidité fournie par le papier salé.

» IX. Il sera alors déposé sur un autre bain composé
d'une solution de 1 partie de nitrate d'argent et de 5

----

(1)   { 18 gr. eau saturée de sel marin ;
       { 60 gr. eau distillée.

parties d'eau distillée (1), on l'y laissera tout le temps qu'exigera l'asséchement, comme il vient d'être dit, d'une seconde feuille de papier, qui aura remplacé la première sur le bain salé; alors, ôtant celle du bain d'argent, on l'égouttera avec soin par un de ses angles, et on la déposera sur une surface imperméable, comme pour la première préparation du papier négatif. On voit qu'en passant ainsi le papier du bain salé au bain d'argent, le préparateur ne perd pas une minute, et qu'il peut, en quelques heures, préparer une assez grande quantité de papier.

» Parfaitement sec, on l'enfermera dans une boîte ou carton sans le tasser. Il sera bon de n'en pas préparer pour plus de huit à quinze jours à l'avance, car au bout de ce temps, il se teinte, et, quoique propre encore à la reproduction des images, il n'accuse plus les blancs avec le même éclat que lorsqu'il est nouvellement préparé.

» Pour faire venir une épreuve positive, on placera l'épreuve négative du côté imprimé sur la surface préparée du papier positif; on pressera les deux papiers réunis entre deux glaces qu'on déposera sur un châssis (planche rebordée) couvert d'un drap noir. On aura soin que la glace du dessus soit assez forte et assez lourde pour que son poids fasse pression sur l'épreuve négative, de manière qu'elle soit

(1)　　{ 6 gr. nitrate d'argent;
　　　　{ 30 gr. eau distillée.

parfaitement adhérente au papier positif. Ceci fait, on exposera à la grande lumière, au soleil autant que possible, en cherchant à faire tomber ses rayons à angle droit sur la glace. Pour avoir de belles épreuves, il faut pousser cette exposition à son degré extrême ; elle devra être arrêtée avant que les vives lumières de l'image puissent être altérées. Il suffira d'une seule expérience pour déterminer approximativement le temps d'exposition qui sera, terme moyen, de vingt minutes au soleil selon la vigueur de l'épreuve négative.

» Après cette exposition, on rentrera l'épreuve dans le cabinet noir et quelle qu'elle soit, on la laissera tremper un quart d'heure dans un bain d'eau douce, puis dans un autre d'hyposulfite de soude, de 1 partie d'hyposulfite de soude et de 8 parties d'eau distillée (1). A partir de ce moment, on pourra la regarder au jour et suivre l'action de l'hyposulfite ; on verra alors les blancs de l'épreuve prendre de plus en plus d'éclat, les clairs-obscurs se fouilleront, la nuance de l'épreuve, d'abord d'un vilain ton roux et uniforme, passera à une belle nuance brune, puis au bistre, puis enfin au noir des gravures de l'aqua-tinta. L'opérateur arrêtera donc son épreuve au ton et à l'effet qui lui conviendront. Elle sera parfaitement fixée ; mais, afin de la dégorger de l'hyposulfite dont l'action se prolongerait,

(1) { 100 gr. hyposulfate de soude ;
{ 800 gr. eau distillée.

on la lavera à grande eau, après quoi on la laissera
dans un grand vase rempli d'eau, pendant tout un
jour ou au moins cinq à six heures : on séchera ensuite entre plusieurs feuilles de papier buvard.

» Ce bain, comme celui de l'hyposulfite, peut re-
cevoir en même temps autant d'épreuves que l'on
voudra.

» Les épreuves qui ne pourraient supporter l'action de l'hyposulfite au moins pendant deux heures
devront être rejetées. Ce serait une preuve qu'elles
n'auraient point été exposées assez longtemps à la
lumière, et elles ne seraient pas suffisamment fixées.

» Quelque compliquées que puissent paraître les
préparations ci-dessus décrites, on les reconnaîtra
excessivement faciles lorsqu'on sera à l'œuvre, et,
si on les compare aux préparations des plaques, on
sera étonné de leur simplicité.

» L'avantage de pouvoir préparer à l'avance le
papier des épreuves négatives facilitera singulièrement les excursions daguerriennes, en dispensant
l'amateur d'un bagage toujours fort embarrassant,
et en lui économisant le temps et le travail qu'exige
le polissage des plaques, qui ne peut être fait à l'a-
vance. La facilité de ne faire venir les épreuves
positives qu'au retour d'un voyage, et de les mul-
tiplier à l'infini, ne contribuera pas peu au dévelop-
pement de cette branche de photographie, qui ré-
clame aussi la sympathie des artistes, puisque les
résultats ne sont point, comme sur le plaqué, en

dehors de leur action, et qu'ils peuvent, au contraire, les modifier au gré de leur imagination.

» Ainsi la facilité d'exécution, la certitude de l'opération, l'abondante reproduction des épreuves, voilà trois éléments qui doivent, dans un temps prochain, faire prendre à cette branche de photographie une place importante dans l'industrie; car, si elle est appelée à donner à l'homme du monde des souvenirs vivants de ses pérégrinations, des images fidèles des objets de ses affections, elle procurera aux savants des dessins exacts de mécanique, d'anatomie, d'histoire naturelle ; aux historiens, aux archéologues, aux artistes enfin, des vues pittoresques, des études d'ensemble et de détail, des grandes œuvres de l'art antique et du moyen âge, dont les rares dessins ne sont le partage que du petit nombre. »

Quoique les procédés de M. Blanquart nous paraissent être ce qu'il y a de mieux parmi ceux publiés jusqu'à ce jour, nous donnerons à la suite, très-succinctement il est vrai, deux procédés employés en Angleterre. Les artistes photographistes verront par là combien on peut varier les préparations. C'est uniquement dans ce but que nous les avons fait entrer dans cette brochure; les personnes qui voudraient

2.

en essayer devront, pour tout ce qui regarde les détails pratiques, consulter les excellentes indications données par M. Blanquart.

La facilité d'exécution, l'avantage énorme qui résulte d'un tirage qui n'a pas de limites et enfin le prix peu élevé du papier préparé, comparé à celui des plaques, donnent à penser que tous les photographistes emploieront alternativement les deux procédés. Procédés rivaux qui ne peuvent se nuire, car à l'un appartient l'effet, la couleur, les tons chauds de la sepia de Rome, tandis que les détails microscropiques restent encore l'apanage des plaques de doubl é.

Comme la préparation du papier négatif nous semble encore assez difficile et très–minutieuse, nous croyons être agréable aux amateurs en le leur fournissant toutpréparé.

Pour les images sur papier comme pour celles sur doublé, il faut d'excellents objectifs, dans lesquels surtout le foyer chimique corresponde exactement au foyer apparent (1),

(1) *Voyez* dans notre *Traité de Photographie*, octobre 1846, p. 115, l'extrait de notre communication à l'Institut.

RÉSUMÉ DES OPÉRATIONS SUR PAPIER.

Toutes les opérations sur papier ayant une grande analogie avec celles daguerriennes, pour en faciliter le travail aux photographistes et classer dans la mémoire l'ensemble des opérations, nous donnons ci-dessous un tableau comparatif des deux procédés :

I. La préparation composée de nitrate d'argent étendu d'eau.	Correspond au polissage de la plaque.
II. Le bain d'iodure de potassium.	— à l'iodage.
III. Le nitrate d'argent et l'acide acétique.	— à la liqueur accélératrice.
IV. L'acide gallique qui fait paraître l'épreuve.	— aux vapeurs mercurielles.
V. Le lavage.	— à l'hyposulfite.
VI. Le bromure de potassium qui fixe l'épreuve.	— au chlorure d'or.
VII. Le dernier lavage.	— au lavage après le chlorure d'or.

CHAPITRE II.

A notre dernier voyage à Londres, nous avons vu opérer avec succès par les deux procédés ci-contre, qui ne sont en définitive que des variantes du procédé de M. Talbot.

PREMIER PROCÉDÉ.

I. On marque d'un trait au crayon la face du papier dont on veut se servir et l'on applique sur cette face, avec un pinceau très-doux et de la manière la plus uniforme, la solution suivante :

Nitrate d'argent	3 gr. 25 centièmes
Eau distillée	31 gr.

Quand le papier est sec on le plonge pendant 3 minutes dans une solution composée de

II.	Iodure de potassium	31 gr.
	Eau	567 gr.

Après cela on le lave à grande eau dans une cuvette, puis on sèche; c'est là le *papier iodé*.

Le papier préparé ainsi doit être conservé à l'abri de la lumière, dans une boîte ou un carton, car il est important qu'il ne soit pas pressé.

Avant de l'exposer à la chambre noire, et pour exalter sa sensibilité, on le place sur la glace du support à caler, et l'on enduit sa surface de l'une des solutions ci-après; puis on le met, soit dans le cadre décrit par M. Blanquart, soit sur une ardoise, soit sur la planchette elle-même si l'objectif est à court foyer (1).

POUR PORTRAITS.

III. Solution de nitrate d'argent 3 gr. 25 cent. dans 31 gr. d'eau distillée, ou 1 partie en vol.
Solution saturée d'acide gallique 2 —
Acide acétique cristallisable 1 —

Puis on enlève l'excès de liquide avec le papier buvard et on expose à la chambre noire.

POUR VUES.

Solution de nitrate d'argent 3 gr. 25 centigr. dans 31 gr. d'eau 1 partie.

(1) Voici le moyen que nous avons employé pour opérer sans glace avec les appareils à court foyer.

Après avoir préparé le papier ainsi qu'il est dit,III. Nous plaçons sur une planchette ordinaire servant pour les plaques, une feuille de papier très-fort et fortement mouillé; puis, prenant avec beaucoup de soins le papier photogénique par deux de ses coins, nous plaçons le côté non préparé sur le premier papier. Nous opérons de même avec les appareils panoramiques.

Acide acétique cristallisable   2   —
Solution saturée d'acide gallique   10   —

Le papier pour vues est un peu moins sensible que celui pour portraits, mais il se conserve plus longtemps.

IV. Quand le papier est retiré de la chambre noire, on ne voit encore aucune trace de l'image, on enduit la face impressionnée avec un nouveau pinceau très-doux trempé dans de la solution suivante :

Nitrate d'argent 3 gr. 25 centigr.,
    31 gr. d'eau   1 partie.
Acide gallique   3   —

Peu à peu on voit l'image se former, et l'on arrête l'opération quand elle est arrivée à point.

V. Puis on lave l'épreuve à grande eau.

Toutes les opérations précédentes doivent être faites à la lumière d'une bougie ou d'une lampe.

VI. Pour fixer l'épreuve, on la plonge pendant 10 minutes environ dans le mélange suivant, à la température de l'eau bouillante (1).

Hyposulfite de soude   31 gr.
Eau   372 gr.

VII. Enfin, lavez à grande eau et séchez.

---

(1) L'opérateur fera peut-être mieux de se guider sur la nuance de son épreuve, il arrêtera l'opération quand elle aura atteint le ton qui lui plaira le mieux.

DEUXIÈME PROCÉDÉ.

I. Mouillez le papier avec un pinceau enduit de la solution suivante :

Nitrate d'argent   2 gr.
Eau distillée   31 gr.

II. Quand il est à moitié sec, laissez flotter environ une demi-minute la face qui doit être impressionnée sur une solution composé de :

Iodure de potassium   13 gr.
Sel   3 — 25
Eau   28

après l'avoir retiré, laissez-le sécher à moitié, puis faites-le flotter de nouveau sur l'eau pendant environ 10 minutes ; enfin faites sécher et gardez.

III. Faites 2 solutions :

Solution n° 1.   Solution n° 2.
Nitrate d'argent   3 gr. 25   Acide gallique saturé.
Acide acétique   3 — 54
Eau   1 — 77

Prenez 15 gouttes de la solution n° 1
     —   15 gouttes de la solution n° 2
     —   Eau 90 gouttes.

Passez un large pinceau très-doux sur la surface du papier avec cette solution, enlevez l'excès de liquide avec le papier buvard, mettez à la chambre noire et laissez à l'exposition un peu plus longtemps que pour une plaque daguerrienne préparée au chlorure d'iode.

IV. En sortant de la chambre noire, mouillez au pinceau avec la solution suivante :

Solution n° 1	30 gouttes
— n° 2	30 —
Eau	60 —

Après cela, exposez sur une boîte en fer-blanc contenant de l'eau bouillante jusqu'à ce que l'image soit suffisamment venue.

V. Lavez à grande eau et épongez au papier buvard.

VI. Passez dans la dissolution d'hyposulfite de soude chaude, ou froide en l'y laissant plus longtemps.

VII. Lavez de nouveau à grande eau et séchez.

Dans les deux méthodes précédentes, comme pour celle de M. Blanquart, les préparations N°ˢ I, VIII, IX (1), se font dans des bassines très-peu profondes ou mieux encore dans de grands plats. Celles N°ˢ II, V, VI, VII se font dans des cuvettes en porcelaine ou en faïence; enfin les opérations III et IV se font sur la glace du support à caler.

____

(1) Autant que possible chaque vase et chaque pinceau devront être consacrés à une opération spéciale.

USTENSILES ET SUBSTANCES CHIMIQUES.

USTENSILES.

2 plats en faïence pour préparer le papier au nitrate d'argent et au sel marin.

4 cuvettes en faïence pour l'iodure de potassium, l'hyposulfite, l'eau distillée et l'eau filtrée.

2 terrines pour laver les glaces, pour laver le papier après le bain d'iodure de potassium.

1 support avec vis à caler pour préparer le papier avant l'exposition à la chambre noire.

1 verre gradué.

1 balance de précision pour faire les pesées.

Papier brouillard.

Papier à lettre ordinaire pour absorber l'excès de cire.

Papier fort pour entretenir l'humidité.

Papier à lettre glacé (négatif).

Papier fort glacé (positif).

Fer à repasser.

SUBSTANCES CHIMIQUES.

Nitrate d'argent.

Iodure de potassium.

Bromure de potassium.

Acide gallique.

Acide acétique cristallisable.

Ammoniaque.

Eau distillée.

Hyposulfite de soude.

Cire vierge.

Plusieurs flacons bouchés à l'émeri.

———

Au moment de mettre sous presse, M. Bayard, qui le premier a obtenu de si beaux résultats sur papier, nous autorise à annoncer qu'il s'occupe de la rédaction d'un petit ouvrage pour faire connaître ses procédés. Il veut bien aussi nous en promettre le dépôt. L'un des avantages de la préparation de M. Bayard, c'est de pouvoir opérer sur papier sec, ce qui facilite singulièrement les opérations en rase campagne.

PRIX-COURANT.

—————

	fr.	c.
Papier négatif prêt à subir la troisième opération, laquelle doit être faite au moment de s'en servir (la feuille pour grandeur normale, 16 centimètres sur 22). .	»	50
Papier positif prêt à servir (la feuille *id.*)	»	50
Support à vis à caler.	12	»
Châssis à glaces pour la chambre noire . . . . normal.	12	»
Id. 1/2	10	»
Presses à glaces pour le papier positif.	12	»
Id. . . . . 1/2.	10	»
Portraits sur papier grandeur normale, 1 épreuve positive	15	»
Id. 2 épreuves positives	22	»
Id. 3 épreuves positives.	25	»
Id. chaque épreuve en sus	2	»
Id. 1 épreuve. . . : . . . . sur 1/2.	10	»
Id. 2 épreuves. . . . . sur 1/2.	15	»
Papier non préparé pour négatif, la main.	1	50
Papier anglais non préparé pour positif, la main.	5	»

Première préparation pour papier négatif, le flacon de 90 grammes 1 25

Iodure de potassium, 550 gr., le flacon   5 »

Préparation pour mettre à la chambre
noire, le flacon. 3 50

Acide gallique saturé, le flacon de
250 grammes. . . . .   1 »

Préparation pour fixer l'épreuve, le flacon de 500 grammes 2 50

Deuxième préparation pour le papier
positif, le flacon de 90 grammes. . . . .   5 »

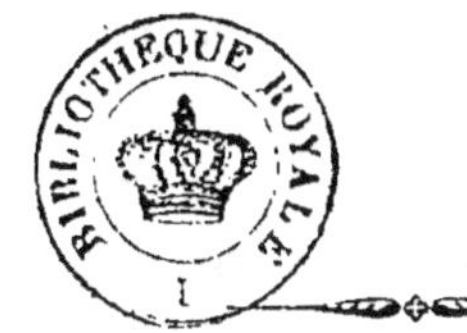